REMONSTRAN-
CE A LA COVR
DE PARLEMENT SVR L'AS-
sasinat commis en la personne de Henry le Grand.

M. DC X.

REMONSTRANCE
A MESSIEVRS DE LA COVR
sur l'assassinat du Roy.

OvS aurons donc perdu no-
stre Roy ; le plus grand Roy
que la France ait produict,
que l'Europe ait veu de-
puis cinq cens ans ; Le cœur qui don-
noit la vie au corps de cest estat iusques
aux moindres fibres ; la chaleur, la vigueur a tant d'autres : transpercé de
l'execrable cousteau d'vn miserable :
N'aura-il donc autre victime que ce
vil supplice ? Sera-il dit à la posterité à
nostre honte ? souffert en nos iours, à
nostre ruine ? Et vous Messieurs de son
Parlement qui luy deuez Iustice ? la deuez à vous mémes, en demeurerez vous
la ? Qui par vos prudences penetrez en

l'obfcurité des chofes plus cachees, re-
bouchere z-vous contre vne fi claire, fi
euidente ? vous recerchez les autheurs
de ce prodigieux coup? fçauez affez que
le coufteau n'a efté que l'inftrument de
Rauaillac ? Rauaillac d'autres qui l'ont
induict, inftruict, pouffé, luy ont mis en
la main le ferrement, en l'efprit ce parricide. Aurez-vous donc peine à deui-
ner, à coniecturer, à conuaincre qui ils
font ? Puis que du confentement de
toute la Chreftienté, autres depuis tant
de fiecles, ne s'en trouuent capables, ne
s'en font trouuez coupables que les
feuls Iefuites, ou leurs Difciples? Affaffins reffufcitez en nos iours des Roys
Chreftiens, refte des Sarrafins, race de
Mores : qui en font liures expres, en
tiennent efchole, en enfeignent la methode, l'ont reduite en art & en cabale:
y façonnent les hommes par leurs my-
fteres, leurs meditations, côfecrations,
execrations? depuis tant d'annees ne fe
glorifient d'autres exploicts ne font re-
commandez d'autres miracles ? Vos
Loix nous difent : Que celuy qui vne
fois a efté trouué mefchãt, eft toufiours

presumé l'estre en vn mesme genre de
meschanceté. Quand donc leur Emanuel Sa en son institution des Confesseurs, decerne qu'il est licite de tuer son
Roy, exempte quelconque Clerc de la
subiection du Prince naturel ? declare
en consequence qu'il ne peut estre re-
belle, quoy qu'il face, par la pretendant
rabatre en tout cas du supplice comme
du crime : Iean Mariana & plus hardi &
plus methodique en tels affaires passe
plus outre. Qu'on peut ains qu'on doit
attenter sur son Prince, pourueu que le
conseil de quelque petit nombre de
personnes graues & lettrez *en vn besoin
pris de la societté, ou pour le moins, de la main
du Visitateur,* y entreuienne par dol, par
trahison, par poison, iusques à leur desi-
gner les genres du poison, prompts,
lents, au boire, au manger, au toucher,
sous ombre de quelque beau present à
la façon, dit-il, des Roys Maures : en frot-
tant vne robbe, vne chaire, des linceuls,
les armes, les selles, les bottes & que
qui vient à perdre sa vie en cet exploict,
Grata superis, grata hominibus hostia cadit?
est en sacrifice agreable à Dieu? agreable aux

Iean Ma-
riana
Institutio-
ne Regis l.
c. c. &c.

hommes. Ces liures non eschappez à l'estourdie à quelque nouices : Mais celuy d'Emanuel Sa : digeré, dit-il, en sa preface par l'espace de quarante ans: Manuel ordinaire des Peres Confesseurs: l'autheur entre eux de telle saincteté que pour sa pretendue saincteté, la vierge Marie, disent-ils, & leur bon pere Ignace luy apparurent en mourant. Celuy de Iean Mariana mentionné au Cathologue des liures de leur Societé publié par P. Pierre Ribadeneira en l'an 1608. auec vn Eloge singulier, de l'Autheur & de ses œuures, qualifié d'vn excellent iugement, d'vne admirable doctrine, d'vne profonde Theologie, qu'il auroit enseignee a Rome, en Sicile, à Paris mesme. L'vn & l'autre imprimez auec priuileges authétiques, approbations solemnelles de leurs superieurs: cestuy là en Anuers: cestuy cy à Toleto & à Mayence : Mais cestuy-cy qui deuoit faire de plus grands coups: mieux émoulu, plus affilé, pour plus d'auctorité, portant plus de recommandation en son front, la censure & approbation en Espagne: par Fr. Pierre

Petrus Ribadene-ra in Catologo. p. 54.

Idem p. 141.

de Onna Prouincial, le congé de l'im-
primer dõné par Stephano Soieda vi-
fitateur de la Societé de Iefus en la prouince de Toledo?le tout en confequéce
& vigueur du pouuoir à luy prealla-
blement donné par le Pere general de
leur Societé, par eux fi haut loué Clau-
dio Aquauiua, *apres auoir iceluy efté ap-*
prouué, ce font ces mots, *par perfonnages*
doctes & graues de noftre ordre. Pouuez
vous plus douter, Meffieurs, tout cela
veu, de quelle forge, de quelle trempe?
Et quand derechef depuis trente ans,
ceux de cefte fecte font conuaincus d'a-
uoir attenté a la vie de plufieurs grands
Princes en la Chreftienté? fur quelques
vns auec effect. D'auoir pratiqué, ces
derniers ans, cefte abominable fougade
d'Angleterre, pour en vn moment,
emporter en l'air le Roy, la Royne, &
les Princes, tous les grands du Royaume affemblez aux Eftats, vn nombre
infini de gens de toutes quallitez, l'ab-
bregé en fomme de l'Eftat, fans exce-
ption, cependant & fans acception aucune de Religion, meflez qu'ils eftoient
des deux comme chacun fçait, en cefte

compagnie. Le pere Garnet nomme-
ment auec ſes Equiuoques, leur Prouincial en Angleterre conuaincu par
ſes complices, ains par ſa propre confeſſion, d'en eſtre Autheur, Directeur,
Executeur, ſi la ſinguliere grace de
Dieu n'euſt preuenu; par eux neantmoins pour auoir tanté ce haut deſſein
englouty en tant qu'en luy eſtoit tout
vn Eſtat, au lieu de mille ſupplices qui
luy eſtoient deus, declaré ſainct, cano-
niſé entre leurs martyrs; imprimé, ven-
du, diſtribuè en taille douce, auec ce
Tiltre, par la conſacré à la poſterité?
Peut-on encor douter que ceſte meur-
triere Societé ſous ceſte hypocrite mine n'euſt cauè ceſte mine, n'euſt logé la
poudre, ny miſt le feu? qui guerdonne
ſon boutefeu, couronne ce martyr de
Satan; & de la main d'vn Ange? Car telle font ils en ce pourtrait. Et ſi tels ſont
leurs martyrs, quels donc leurs Anges?
Mais ioignons encores de plus pres;
quãd vous raportez enſéble que le Cardinal Bellarmin, le Coriphee de la Se-
cte, leur Docteur vniuerſel, par traicté
expres exalte le parricide de Iacques
Clement

Clement commis en la personne du
Roy Henry III. Que mesme Mariana
l'ose dire proceder de *la force de l'esprit
de Dieu, agissant en la foiblesse de son corps,*
consacre ce cousteau qu'il auoit, dit-il,
à ceste fin *frotté d'herbes venimeuses.* Et
Ribadeneira, Becanus, Vasgues, Bonar-
sius & plusieurs autres encor apres luy?
que le liure composé de l'Assassinat par
les Iesuites de Paris, *de la iuste expulsion
de Henry III.* Baille pour Preface, *qu'en
cause commune on peut de droict exclurre &
fracasser le Roy Henry IIII.* Qu'en exe-
cution apres de ceste monstrueuse deci-
sion, entre tant d'ennemis, tant d'aguets
dressez à la vie de ce grand Roy, ne s'en
trouue aucun où le Iesuite ne soit mes-
lé, n'y tienne le dessus: en celui nommé-
ment de Iean Chastel, qui reboucha
contre sa dent: ou vous, Messieurs, le re-
cogneustes, le conuainquistes, induict
par eux, & instruict à ce coup? en leçons
& en confessions, par le bon Pere Iean
Gueret, par les execrables Theses aussi
du Pere Iean Guignard : par vous condamnez, sur ce suiet, auec eux toute la
la Societé, par vn Arrest si sollemnel:

Attendez vous encor quelque autre
preuue ? & doutez vous que de meſme
Tribunal ne vienne la ſentence & l'exe-
cution?de meſme concert, le deſſein &
le meurtre ? Adiouſtez maintenant que
non contents d'auoir faict importuné-
ment raſer voſtre Pyramide, en elle voſtre Arreſt contre Chaſtel, ils auroient
faict depuis quelques mois cenſurer à
Rome ceſt Arreſt, fleſtrir par conſequét
l'authorité ſouueraine, pourquoy s'ils ne
s'en ſentoient complices ? qui d'euſſent
autrement tant plus deteſter l'acte : en la
deteſtation monſtrer leur innocence?
vne pourſuite ſi hors de ſaiſon, ſinon
pour deſarmer, affoiblir voſtre Iuſtice,
par vne puiſſance par eux pretendue
ſuperieure ? Ains apres tout ce myſte-
rieux Tableau de leurs pretendus martyrs taillé à Rome, mis en monſtre
meſme parmy nous, où ils ordonnent
à ces Glorieux Peres Gueret & Guignard chacun ſa niche, precepteurs,
Docteurs, & Confeſſeurs de Chaſtel,
condamnez pour meſme crime, pourquoy derechef ſinon pour aſſeurer le
bras & le coup de leur executeur en

l'exaltation de leurs Garnet, Gueret & Guignard? en tout cas, le fortifier de ceste imaginaire consolation contre l'ignominie du supplice ? Et quand donc trois mois apres, pendant que nostre Roy demande à Rome raison & reparation de ceste censure, vous voyez tomber ce coup sur nostre France, d'ou deuez vous dire qu'ils nous vienne?Sur ceste sacree personne,tant de fois par eux & aguettee & attentee, que de mesme conspiration,de mesme trame?

Mais vous voudriez quelque preuue plus claire.   Qu'ainsi fust-il, non tant pour vostre conscience, que pour nostre science: Et n'ignorez pas toutesfois que ces gens qui pratiquent pour tels effects , les plus execrables personnes, apres qu'ils leur ont confessé leurs turpitudes, enormitez, incestes, & sodomies, brutalitez : car autres gens n'en trouuent-ils capables, leur monstrent l'enfer entrebaaillé pour les engloutir puis leur promettent, s'ils tuent cestuy cy ou cestuy-là de les en racheter ; de les loger enParadis entre les Anges,les menacent au contraire & de l'enfer sans

remiſſion, & de doubles tourmens en
iceluy, s'ils les deſcouurent: Cauſe qu'ils
ſe roidiſsent & s'obſtinent & contre
les tortures, en ceſte ſuperſtitieuſe im-
preſsion, munis de charmes, effacent
tout vray ſentiment de bonne conſcience.

Mais encore ce mal-heureux vous en
a il point dit de reſte? quand il a recognu, que les ſermons, ceux particuliere-
ment de l'Aduent & du Careſme dernier, l'auoyent porté là? & quels? ſinon
des Ieſuites, qui empliſſoient toutes nos
chaires de ſedition : pour allumer tous
les coings de la ville, l'auoient les lan-
gues de nos Curez, s'ils les euſsent vou-
lu croire? Car à qui ne ſouuient il quels
propos ils faiſoient lors tonner à nos
oreilles: ains du Roy meſme qu'ils at-
taquoyent preſent en ſa perſonne?

Quand auſsi vous l'auez interrogé,
ignorant & brutal en toute autre matiere : ne l'auez-vous pas trouué ſça-
uant en celle-cy : garny de toutes les
exceptions requiſes, ſes propos, tout
ſon procez: au ſeul nom pres, le procez
de Chaſtel : catechiſé conſequemment

par mesmes gens sur ces beaux liures?
Et par qui, sinon par ces viperes? puis
que quelques iours auparauant il s'estoit
ouuert a ce Pere Aubigny d'vn grand
coup à faire, luy auoit mesme monstré
son cousteau : allegorisé vn cœur qui y
estoit graué ,   la croix au bout , pour
prosperer l'affaire.   Car prendrez vous
pour argent content, ou pour derision,
ce don pretendu d'oublier les confessions, pour frustrer vostre interroga-
toire?par qui,selon l'expedient de Mariana que par le conseil de ces graues *&*
doctes Peres, au moins *du Visitateur de la*
prouince, luy de sa ieunesse nourry aux
Iesuites.? & pour donner vostre Arrest,
Messieurs , contre leur Societé , leur
coniuration ,   quels autres fondemens
eustes vous? quels autres vous faut-il?
Ains ces actes multipliez depuis, gemi-
nez à nos despens , en la personne propre de nostre Prince, vous monstrent
ils pas, que ces maximes ont passé en
loy,en chose iugee entre eux : font partie & de leur droit Canon , & de leur
reigle:leur sont tournez & en habitude
& en nature ? Certes à autres n'appar-

tient il d'auoir percé le cœur par Rauaillac à noſtre Roy, qu'à ceux qui luy
auoient fendu la bouche par Chaſtel,
qui l'auoient parauant failly par Barrie-
re. Auec le temps ils ont aſſeuré & leurs
mains & leurs coups : mais touſiours
ſous meſmes maiſtres, & en meſme eſ-
chole, & de meſme doctrine.

N'y a en ſomme que de deux l'vn à
choiſir, ou que les Ieſuites ſoyent Ra-
uaillacs, ou que Rauaillac ſoit Ieſuite:
les Ieſuites l'eſprit de Rauaillac, Rauaillac le bras des Ieſuites.

Icy i'en oy quelques vns qui diſent, ſi
c'eſt par ſimplicité, ie le pardonne: mais
ces pauures gens, à quels propos l'auroient ils fait. Le Roy leur faiſoit ſi
bon viſage: leur faiſoit tant de bien.

Voila Pere Cotton qui dit, qu'il eſtoit
leur protecteur, leur ſecond fonda-
dateur. Ains ſçachez que ces ames noi-
res, attachees au but de leur Societé,
n'en deſmordent iamais, quelque bien
qu'on leur face : Ce poiſon, comme les
deleteres entre les Medecins, retient
touſiours ſa malignité, & quoy qu'on le
deſtrempe : le but de leur Societé,

fous vn fondateur Efpagnol, vn Nauarrois traiftre & renié, fut la grandeur, la
Monarchie d'Efpagne:de ce leuain toute cefte pefte eft leuee, eft enaigrie, ou
qu'on la prenne, la France fe pourroit
donner a eux par pieces : Le Roy leur
auoit donné fon propre cœur, ils re-
tiennent le leur, le referuent toufiours
à l'Efpagne.

En voulez vous des preuues? Fut-il iamais vn plus grãd adulateur, adorateur
du feu Roy que ce bon Pere mefmes?
Reprefentons nous ces reuerences al-
longees, ces profondes humilitez, ces
fourcilleux foufris, en mefme temps, au
preiudice de la reputation du Roy, du
bien de fes affaires, quelles lettres efcri-
uoit-il, quels aduis donnoit-il en Efpagne? les Iefuites aufsi de Bordeaux aux
Capitaines qui leuoient les recreuës
des Regimens pour la guerre de Cle-
ues, que difoient-ils fe confefsans à eux?
finon en confefsion, ce que P. Gontier
a ofé en fermon: qu'ils alloient contre
les Catholiques, ne le pouuoient en
confcience; que tous les coups qu'ils
tireroient donneroient dans le cœur

de noſtre Seigneur, par ce qu'ils ne re-
cognoiſſent rien de Catholique, que le
Roy Catholique d'Eſpagne? ne tiennent
en leur iargon pour bons Catholiques
que ceux qui ont mangé de ce Catholi-
con au preiudice de leur patrie.

Ne montons point plus haut, tout
fraiſchement ces deux Ieſuites qui ſont
allez trouuer Monſieur le Mareſchal de
la Chaſtre ſur le point qu'il eſtoit de
partir pour la conduite de l'armee, ne
luy ont ils pas fait cas de conſcience?
luy ont-ils pas prononcé qu'il eſtoit
damnè s'il y alloit? Et ſi leur impudence
l'oſe nier ſous vn ſi graue, vn ſi puiſ-
ſant teſmoignage, y a-il aucun qui ne les
deſmente? Certes, ils penſoient auoir
par leur deteſtable coup, trenche le
deſſein du feu Roy, dés la racine. Et ils
voyent que noſtre magnanime Royne
le pourſuit, veut que la terreur de ſes armes en deſpit de noſtre malheur, le ſur-
uiue : De deſeſpoir recours a leurs pratiques accouſtumees: vuides qu'ils ſont
de toute pieté, ils empliſſent de ſuper-
ſtition ceux qui les eſcoutent : qui ont
eſteinct en eux la vraye reuerence du
nom

nom de Dieu, nous veulent mener par
fauffes craintes, par vains fcrupules. Af-
feurer noftre frontiere côtre le desbord
d'vn ennemy; la border de fermes al-
liances , maintenir les anciens Amis &
alliez de cefte Couronne, ains felon le
traité de Veruins, les alliez communs
des deux Couronnes: Ce fera fi vous les
en croyez heurter contre l'Euangile,
faire la guerre au Ciel: non qu'Herefie:
Au feu Roy d'Efpagne au contraire:
voyez quelle difparité, quelle difpenfe,
attaquer le feu Roy Henry 3. fon frere,
de mefme religion, en icelle plus deuo-
tieux que luy , dans fon propre Royaume, luy foufleuer , luy mutiner, luy re-
uolter les Grands, fes principales villes,
c'eftoit Chreftienté , & Catholicité:
Martyr qui mouroit en telle guerre:
œuure de fupererogatió , non que fim-
ple merite.   En voulez vous vne autre
preuue ? Demandez à nos Iefuites: où
eftoit leur zele parricide, lors que le
Roy dernier decedé, Roy de Nauarre,
faifoit la guerre pour fa Religió : excó-
munié du Pape, Heretique, difoient ils
& Relaps.   Il ne fe trouue point qu'en

C

tout ce temps, pres de quinze ans, ils
ayent onc attentè fur fa vie, parce qu'ils
le croyoient puiffant inftrument pour
entretenir nos guerres ciuiles, efpe-
roient qu'elles confumeroient nos for-
ces, que l'Eftat en fin & luy s'entrecou-
uriroient de cendres.   Le voyent-ils
venu à la Couronne auoir changé de
religion, pour embraffer celle dont ils
fe vantent, dont ils fe difent les pilliers:
par la s'eftre frayè humainemēt vn che,
min pour fe rēdre paifible, formidable
confequemment au Roy d'Efpagne;
c'eft lors que ce zele s'efmeut, que ceft
efprit qui les poffede, nous fufcite des
Barrieres, & des Chaftels : & combien
d'autres de cet antre tenebreux, non
venus en lumiere? Et ainfi a mefure qu'il
s'eft rendu abfolu, ont aiguifé, trempè,
aceré leurs alumelles, fortifié, redou-
blé ces pratiques, fi la religion les mou-
uoit, pourquoy non pluftoft contre luy
excommuniè, prononcé Heretique?
pourquoy lors feulement qu'il s'eft declaré, qu'il eft & par tout & par eux mefmes recognu Catholique ? & puis ils
n'ont point de honte de nous promet-

tre deformais guarátie contre les Affaffins, pourueu que nous foyons bons
Catholiques : là deffus, pour nous donner le change, pour nous deftourner
de la iufte vengeance, qu'ils ont appel-
lee trop iuftemét deffus leurs teftes, ils
nous prefchét d'exterminer les Huguenots, s'en battent fur la perche. Certes
s'ils eftoient Efpagnols, s'ils le pouuoiét
deuenir, s'accommoder à leurs inten-
tions, figner dedans leurs liures fan-
glans & rouges, ils fçauent ce que ie
veux dire, ils auroient bien toft purgé
ce crime d'herefie, ils ne manqueroient
pas d'expediens pour les faire trouuer
Catholiques, pour fanctifier mefmes
leurs armes pour vn fi bon feruice.
Qu'ainfi foit. Ils nous importunent,
qu'il ne faut qu'vne Religion en France : Qui trouuent bon cependant que
l'Efpagnol face la paix auec les Eftats,
aux defpens de la Meffe, de noftre
Eglife, du Pape mefme. Si leur Theologie le luy permet : Car iamais les a on
ouy crier au contraire ? n'en ont-ils pas
mefme efté les Miniftres ? Pourquoy, à
nos Rois defendu pour le repos de leur

Eſtat de permettre le Preſche, retenans
en ſon entier, & noſtre Religion, &
l'auctorité du Pape? Et pourquoy meſme action : ains plus fauorable de noſtre part : a l'Eſpagnol Catholicité : à
nos Rois Hereſie? En fin, meſmes depuis
ceſt eſclandre : comme pour nous
conſoler, nous propoſent qu'il n'y a de
Huguenots que pour vn deſieuner : Ce
ſont leurs mots : Que ſe peuſſent ils
eſtrangler du premier morceau. Et
nous n'auons le temps paſsè rien ou-
blié, rien eſpargné pour en venir à
bout : non pas noſtre propre ruine. qui
ne voit donc que ce reconfort, ce re-
ſtaurant vient de meſme boutique?
Que du couteau dont ils ont frappé
noſtre Chef, ils veulent que pour ac-
complir leur ioye, & leur deſſein, nous
nous donnions dans la poictrine. Certes, ces Huguenots qu'ils appellent,
n'ont rien qui leur reſſemble. Nous les
auons bruſlez vn temps fut, depuis
pourſuiuis en toutes ſortes, telles que
nous en auons horreur nous meſmes :
Au plus fort neantmoins de leur deſeſpoir, ou de nos rigueurs, où leur auons

nous veu attenter à la vie de leurs Princes ? du Roy Charles, du Roy Henry
troisiesme ? Qui onc les en a acculez,
soupçonnez, disons calomniez. Au
contraire, voyans cestuy cy preise, nous
auec luy, de l'ennemy & domestique
& estranger, tous couuerts de playes
que nous leur auions faictes, au lieu
de faire profit de nostre malheur, le ti-
rer a leur aduantage, ont ils pas couru
à nostre besoin, ioinct leurs espees aux
nostres? Et de là, chacun le sçait, le salut
de l'Estat. Ces gens qui assassinent nos
Princes lors que plus ils les caressent,
qui ont vœu de ne porter couteau que
pour tuer, a qui leur demande le chemin de Paradis, l'enseignent pour le
plus aysé, pour le plus court, nous ose-
ront-ils auiourd'huy parler de les exterminer ? nos compatriots, voisins,
amis, parens, freres, nostre chair vraye-
ment & nostre sang : qui courent si na-
turellement à nostre playe : Et nous
estimeront ils si lourds, que de n'apperceuoir leur dol, quand non contens de
nous auoir si impiteusemeut ouuert &
la Basilique desia & la Cephalique,

(pour demeurer és termes du bon Pere Guignard,) sous ombre de nous sei-
gner de l'Heretique, ils nous veulent
trencher & veines & arteres: la Catholique mesmes.   Car se peut-il autrement, que le sang ne coule des deux
parts? que tous deux l'vn par l'autre, &
tarissent & ne perissent?

Cependant au grand creue-cœur de
tous les bons François, ils emportent
nostre cœur: A eux en soit l'impudence, à nous la honte   : Et nous le vien-
nent demander trente & vn de compte
faict : Mysterieux qu'ils sont en toutes
choses, non sans mystere, par ce qu'ils
pensent auoir gaigné le ieu. Et de faict,
ils ont bien ce qu'ils veulent. Pourquoy pensons-nous, sinon qu'ils le veulent garder pour trophee? Trophee de
leur magnanimité, de nostre simplici-
té, que ie ne die sottise ? Et de quel
droict, comme ceux qui tirent le pape-
gay, sinon pour l'auoir percé, luy auoir
donné dans le centre? Car au reste en-
querez vous des honneurs, qu'ils luy
ont faict à la Flesche, au milieu de toute leur Rhethorique,   à peine s'y est-il

trouué de bon Latin pour luy; de bon
François, on le leur pardonne. On ne
vit iamais rien de si froid, rien de si fa-
de: ils estoient si engloutis en la ioye
de sa mort, ains en la gloire de leur
meurtre, qu'ils en oublioient tous les
regrets deus à ce dueil commun, toutes
les louanges deuës à sa vie. Miserable,
qui leur as procuré cest hôneur, ains ce
plaisir; à la France ce reproche perpe-
tuel, cest immortel opprobre, puis-ie
t'oublier, que tu n'ayes part icy? Quand
au mestier que notoirement tu faisois,
ils te choisissoient pour Protecteur,
pour producteur, que tu les voyois,
ces Hypocrites, ces masques de saincteté, te courtiser, te solliciter, à ton le-
uer, à ton coucher; à ce que par ton
credit, contre l'Arrest d'vne Cour sou-
ueraine, Arrest mesme prononcé par
la bouche toute sanglante de ton pau-
ure Maistre, ils fussent rappellez en ce
Royaume, deuois-tu croire, si la Cour
t'auoit donné tant soit peu d'esprit, que
ce fust pour bien faire? que pour tres-
mal faire? Qu'ils prosternassent, prosti-
tuassent si vilement, si vilainement leur

pudeur à ta honte? Orgueilleux d'ailleurs qu'on les cognoiſt, ſinon pour acheuer, pour acheter noſtre ruine au prix de leur vergógne? Et donc puis que tu n'es pas né pour auoir aſſez de courage, pour en mourir de regret: deuſſestu pas maintenant eſtre aux pieds de la Cour, la corde au col, le ventre en terre, couuert de ſac & de cendre, pour luy demander & pardon & iuſtice. Pardon de ta brutalité, proche de crime d'vn ſi monſtrueux crime, d'auoir tant preſumé de ton induë faueur, en la cauſe des Rois, contre les Loix; vn ver de terre, vn ignorant infame: Iuſtice contre ces gens, qui t'ont beuſſlé enſorcelé, faiĉt inſtrument du meurtre de ton Maiſtre. Et d'vn tel Maiſtre, qui t'auoit creé de la fange, enrichy de plus & eſleué (ſi tu ne monſtres rien de mieux) non moins contre raiſon, qu'outre meſure, outre nature.

Mais la Declaration, peut eſtre, de Pere Coton, Meſſieurs, vous aura ſatisfaits, effacé ces ſoupçons. Et ie la laiſſe examiner à noſtre Abbé, à nos Curez qui le ſçauront mieux faire. Iettons

tons toutesfois noftre œil deffus, encor
qu'elle eftoit toute autre, premier que
Monfieur le Chancelier, felon fa prudence, la luy euft faict corriger. On leur
reproche le liure de leur celebre Docteur Iehan Mariana, qui ne refpire que
poifon & carnage. Il nous dit que c'eft
voirement *vn mauuais liure.* Au Calepin
de nos Iefuites ne fe rencôtroit-il point
quelque mot plus fort pour detefter ce
liure, & quand il en parle a fi petite bouche, que vous laiffe il à iuger de fon
cœur? ailleurs, il vous dit, que c'eft *la le-
gereté d'vne plume efforée, d'vne plume mal
taillée:* en eft-on quitte pour ces belles
Metaphores; quand par cefte execrable
doctrine qui court fans contredit depuis dixfept ans, leurs Affaffins s'a-
charnent fur nos Princes? Mais, dit-il,
que pour vn feul Mariana toute la Societé patiffe, quelle charité, quelle iuftice? ains c'eft la Societé en ce Mariana,
& qui parle, & qui peche: puis qu'il ap-
pert par les atteftatiós du liure mefme,
que les plus graues & doctes l'ont reueu,
le Prouincial, le Vifirateur approuué, le
General ordonné qu'il feroit imprimé,

D

Petr..Ri-
hadeneria
lib. 1 de
Principe c.
18 p.117.
& cap.26.
p 172. &
seqq.

pour eftre recogneu œuure de la Socie-
té tres autétique, quelle autre ceremo-
nie y voudroit-il ? quelle autre forme.
Ains difons derechef: ce n'eft point vn
Mariana feul, qui a efcrit de ce ftile. Les
Iefuites de tous climats ont excercéceft
Apoftolat, publié ceft Euangile : Ema-
nuel Sa Portugais : Gabriel Vafqués
& Pierre Ribadeneira Efpagnols;
Martin Becanus & Nicolas Bonarfius
bas Allemans , Iean Guignard & les
Autheurs de l Apologie de Chaftel,
François , Rob. Bellarmin Italien, Io-
feph Crefuuel Anglois & plufieurs au-

Creufuuel
i Philopa-
tri defect
2. Num.
157. 161.
162.

tres l'ont executé de mefme confente-
mét en la perfonne des Rois & Princes,
en France, en Angleterre, és pays Bas,
& tout fraifchement en Tranffyluanie,
où n'y en reftoit qu'vn tout feul, tant ce
venin, pour peu qu'il en demeure, eft
contagieux & corroifif. On fçauoit mefme noître malheur à Prague, a Madril,
à Bruxelles, premier qu'il fuft aduenu,
trop verifié par les Ambaffadeurs : Et
par cefte damnable correfpondan-
ce. Pour conclurre, qu'vn tout confpire
à quelque chofe , d'où plus efficace-

ment le pouuons nous, que de toutes
les parties ? & des plus fortes, des plus
auctorisees : Theologiens, Docteurs,
Prouinciaux, Generaux, Cardinaux,
pretendus Martyrs ? Car quant à ce
qu'il nous oppose au contraire : il est si
foible, si racourcy, si ambigu, si prononcé entre les dents : qu'il n'y a aucun
qui ne s'apperçoiue asez, que c'est la
doctrine des Equiuoques, la Traditi-
ue du Docteur Nauarre qui parle. Mais
nous, dit-il, *en nostre Congregation* Pro-
uinciale tenue à Paris en l'an mil six cés
six, *nous desauouasmes ceste plume mal tail-*
lée, requismes aussi le General de nostre
Compagnie, *que ceux qui auoient escrit au*
preiudice de la Couronne de France fussent
reprimez & leurs liures supprimez. No-
tez donc, Messieurs, quinze ans apres,
quand ce poison a eu tout loisir de cou-
ler dedans toutes les veines : Et où est
l'Anatheme qu'ils ayent prononcé
contre ce Liure, ou ses semblables ? Et
qui en a onc ouy parler iusqu'à present,
que nos Curez par leurs sermons leur
ont donnè la gehenne ? Et pourquoy
pensez vous qu'ils l'ayent censuré, si-

non pour auoir publié le ſecret de l'eſ-
chole trop clairement, trop cruement?
Car qu'eſt-ce tout cela, ſinon comme
leur Rauaillac, laiſſer tomber le couteau apres auoir faict le coup, bruſler le
liure, apres qu'il a mis le feu dedans ces
eſprits:par ces eſprits en toute l'Europe ? Mais fait il pas à la Royne vne ſi
belle confeſſion de foy? Il s'en tient,dit
il au Concile de Conſtance : Que peut
il mieux dire ? Ains, c'eſt icy le fonds de
la piperie· Car pourueu qu'ils paruien-
nent a leurs fins toutes fraudes de paro-
le, & de fait , leur ſont permiſes : font
part de leur Religion & de leur Regle.
Entre marchands, qui vſeroit de tels
dioicts,ſeroit hors de tout commerce:
Et cependant nous ſommes ſi aueugles,
que nous nous liurons encor a eux pour
nous vendre nous meſmes.

Oyons ce Cardinal Toledo:le premier
qui nous eſt produict par Coton, en
ſon Inſtitution Sacerdotale , voicy
comme il inſtruict ſes Preſtres, *interrogé
de ſon ſuperieur apres auoir fait le ſerment,
il peut vſer d'equiuocation,& ne doit reſpon-
dre ſelon la volonté du Iuge , mais ſelon la*

Card. To
l tus in-
ſtruct. ca-
cerd t l 4.
c 21.

fienne propre. Mefme fur vn crime par luy cogneu, ou commis, *refpondre, ie ne fçay: ou ie ne l'ay point faict,* entendant rien que ie vous puiffe dire, ou faict maintenant. Et ainfi en pareil cas, Syluanus aufsi, *Il eft licite d'vfer d'equiuoques & mots ambigus, pour tromper les efcoutans, quand celuy qui vous interroge n'eft point voftre Superieur, ny voftre Iuge.* Et defia ils ont pofé pour fondement. Que nul Clerc n'eft fubiet ny refponfable a vne perfonne feculiere, non pas mefmes à fon naturel Prince. Quelle foy donc peut-on affeoir fur leur ferment ? non que fur leur dire ? Sur la depofition volontaire de ce bon Pere ? Et Gregoire de Valence en parle de mefme, c'eft homme qu'il qualifie *de fçauoir eminent,* tel recogneu *en Efpagne, Italie, & Allemagne,* efcriuant fur la Somme, & appelle cefte fcience d'equiuoquer, *vne prudente defence,* pratiquee de fait par le Prouincial Garnet en Angleterre auec vne effronterie & irreligion extreme, & reduicte en art par le Docteur Martin Nauarre, Iurifconfulte, par liure expres, *en faueur,* dit-il, *de la*

Syluan. in Philippac p 5.

Gregor. Valentin. no 3. difp. 5. q. 3. de r x. punc̄to 1. & 2. Actes du proc. de Garret p. 97. & 107. Mar. Nauar. in c. Humanae auures. 12. q. 5.

tres illustre Societé des Iesuites. En voulez
vous mesmes quelques eschantillons
sans sortir de ceste Declaratiõ: *Nos Rois,*
dit-il, *en France sont les aisnez de l'Eglise.*
Nous pensons qu'il ait bien flaté la
Royne. Et l'Equiuoque est Euidét, en ce
qu'il dit, *en France,* & non *de France:* s'il
eust dict, *de France,* il craignoit d'offen-
ser le Roy d'Espagne, de recognoistre
nos Roys en comparaison des autres
Roys Chrestiens, fils aisnez de l'Eglise.
Quand il dit *en France,* il exclud la cõpa-
raison, restreint leur prerogatiue dans
les limites de leur Royaume.   Et par
ainsi au plus espais de son François, retient tousiours le cœur d'Espagne.

Ainsi affermoit-il à feu nostre grand
Roy, pour luy recommander leur Fondateur Loyola, qu'il estoit *son subiect,*
qui ne croyoit de là, qu'il fust François:
Et surpris en l'Equiuoque, auoit en
tout cas son recours, à dire qu'il estoit
Nauarrois : Mais il se gardoit bien de
luy dire, qu'il estoit traistre a son Roy
& a sa patrie, deffendant Pampelune
contre le Roy son grand pere, ou il fut
blessé, & de despit se fit Moyne : Pere

depuis entre nous, & ce n'eſt de mer-
ueille , de tant de pariures & de trai-
ſtres.

On demande ; Qu'en fera-on donc?
Et doutez vous apres tout cela? Certes , Meſſieurs , il y auroit lieu de vous
dire, que, comme les Scorpions, pour
nous guarir, il les faudroit eſcacher ſur
leur piquure, ſur noſtre playe? mais pen-
chons en la plus douce part. Que pouuez vous moins que faire valoir , execu-
ter ce voſtre Arreſt? a-il pas pleine vie,
en faire autrement, ſeroit-ce pas le condamner; vous condamner , leur donner
droict , vous charger d'iniuſtice? Où
ſeroit-il dict, (ce que ia n'aduienne) qu'à
me ſure que ces malheureux croiſſent
& de crime & d'audace ; Vous les Gar-
diens de ceſt eſtat; *tanquam capite minu-
ti* , diminuez de vertu , rabbatiez de
iuſtice: Les Eſtats Chreſtiens ont pris
patron ſur vous , iuſques aux bouts de
l'Europe Allemans , Hongrois , Veni-
tiens, les ont retranchez de leurs terres.
ignoble , deſcheu de tous droicts &
toute ſa poſterité, & par Decret expres,
en ceſte ſage Seigneurie, qui iamais

parle de les rapeller; quelque inſtance
que Rome en face ; Rome toutesfois,
combien plus proche d'elle ; plus à
craindre par elle?Ce qu'ils ont fait par
prouidence, par apprehenſion de l'ad-
uenir; Car, quel mal au prix, leur a-
uoient-ils encores faict , qui trouuera
nouueau que vous le faciez;ſur vn forfaict flagrant ? forfaict qui ne trouue
plus de nom,vn general parricide? Ne
trouuera au contraire eſtrange , que
vous y balanciez; que voſtre exemple
face Loy pour autruy , ſe relaſche en
vous meſmes,voſtre Loy ſerue de pre-
caution ſalutaire aux voiſins , aux plus
lointains ; aux moins malades : vous
manquent en vn ſi preſent, vn ſi preſ-
ſant beſoin , vous demeure inutile?
Certes attendons autrement ; comme
d'vne matiere eſtrange en vne playe,
tant qu'ils feront ſupportez parmy
nous : nouuelles douleurs , nouueaux
eſclandres. Noſtre playe voudra-elle
s'incarner :ſe fermer, & ſemblera elle
proche de cicatrice ? Ceſte matiere,
eſtrange par tous pays & en tous corps
fors qu'en Eſpagne,nous y aura pour-

ry l'humeur , nourry vn fac : de là en-
fleure, inflammation, fieure ; ouuertu-
re:pour peu qu'il en demeure, ce fera
toufiours à refaire,purgee au contraire
qu'elle en foit : chair & fang que nous
fommes l'vn de l'autre,les leures fe rap-
prochent,elle fe guarira toute feule.

Ouy,mais chaffer vne fi grande Societé, pour le forfait d'vn feul, n'eft-il
point rude?Ains c'eft reuenir mal à propos aux principes. C'eft cefte Societé
qui a donnè le coup , non ce Barbare,
fa doctrine,fon confeil, fa coniuration.
Il eft ia preiugé,fi au fait de Chaftel,
tant plus encore. Et qu'auoyent onc
faict,ou les Iuifs de femblable,pour en
chaffer la race, ou les Templiers , pour
les exterminer,pour en efteindre l'ordre?Maisque deuiendront , dit vn autre les bnnes lettres?que ces gens enfeignent fi dignement,que fera la ieu-
neffe ? Ains fi tu es vn idiot, ie te pardonne;Lors donc qu'ils parurent pre-
mierement en noftre France,nos Vni-
uerfitez floriffoyent-elles point ? Tant
de grãds perfonnages qu'elles ont produict depuis cinquante ans : qui ont

E

honoré l'Europe, non que leur patrie,
estoient ils de leur instruction, de leur
methode? Et de leur Escole qu'est-il
onc sorty qui les vaille? Certes si côme
iadis ces Escossois soubs Charles Ma-
gne, ils estoyent venus crians Science à
vendre, sans autre dessein, sans se mes-
ler d'autres affaires, ils seroient suppor-
tables: les tres-bien venus, bien qu'en
choix de plus doctes. Mais sômes nous
encor à nous apperceuoir, sous ombre
de ce pretendu bon Latin, comme ils
abbreuuent nos enfans de tres-mauuais
François, sous pretexte des bonnes lettres, de tres-dangereux arts, en façónât
les esprits, nous corrompent les ames,
transforment en fin insensiblement les
affections, les volontez en ce tédre âge,
pour former de nous & dedás nous par
ce moyen, en leurs Colleges, autant de
Colonies d'Espagne, qui respandues,
qui fondues dedans la masse de tout
nostre sang, le nous alterér par les mau-
uaises qualitez qu'ils luy impriment,
tout le corps du Royaume. Qu'a ce prix,
n'eussions nous plustost point de Latin
ne sçeussions nous iamais que nostre

langue. Mais recharge la superstition,
chasser ce beau nom de Iesus; se peut-il
sans peché heurter ainsi la saincte mon-
tagne? Et côbien de bonnes deuotions,
de sainctes confessions se perdront auec
eux? Ains, dy pluftoft de *Deuots* : Deuots appelloit l'antiquité, ceux qui de-
uouoyent leur vie à la mort de quelcun
à quelque acte funefte. Quelle autre de-
uotion entr'eux fi remarquable? Et non
toutefois pour l'entreprendre eux mefmes? ils font plus fins que cela : mais
pour y perfuader, pour y porter les autres: y perdre donc tels *Deuots*, eft-ce ga-
gner ou perdre ? Car au refte, des mar-
ques de fainéteté plus fpeciale, fi vous
en recherchez chez eux : ils vous ren-
uoient aux Indes: là font leurs Martyrs,
là leurs miracles? ce miferable Occident
n'en feroit pas capable. Entre nous autres Martyrs, ne peuuent-ils produire,
que des Chaftels, des ~~Barrieres~~, des
Peres, Garnets, Guignards, Guerets affaffins des Roys : boutefeux de Royau-
mes : pour miracles, que feditions,
confpirations, fougades, maffacres.
Ceux qui pres de nous ne fe repaiffent

que de meurtre & de carnage, sommes
nous si idiots de croire, qu'ils ressusci-
tent les morts ailleurs , guarissent au
moins les malades ? Et quant aux con-
fessiôs; le nerf principal de leur Societé:
ains de leur coniuration, qui ne sçait
que ce n'est autre chose que la cabale
par eux reboüillie, de ce Mahumetain,
le vieil de la Montaigne? sauf , que pour
resoudre & determiner les siens à tuer
nos Princes Chrestiens en la terre saincte, il les transportoit endormis par vn
breuuage, en certain lieu où il leur faisoit gouster tous les plaisirs de son Paradis profane : afin que resueillez ils
mesprisassent la mort qu'ils encour-
roient en les tuant : mort qui leur ren-
droit la ioye, qu'ils auoiét goustee, per-
petuelle. Au lieu que ceux-ci plus cau-
teleux:(car Satã profite en vieillissant)
de la confession qu'ils tirent de leurs
enormitez, les enfoncent dãs l'horreur
des peines eternelles, leur en donnent
mesme des sentimens en leur Chambre
de Meditations, Puis, creux de cerueau,
& estonnez qu'ils sont , leur en propo-
sent le seul remede, en quelque celebre

meurtre, d'vn peché , le remede en vn
crime: d'vn incefte en vn parricide, ainfi des autres: qui non feulement les doi-
ue garentir de peine , mais à la propor-
tion du coup qu'ils font fur vn Grand
vn Prince : vn Roy, de fon pouuoir, de
fa vertu aura fon loyer & fon guerdon,
fon degré au Ciel d'Ange ou d'Archan-
ge. A cefte fin le garniffent , auec vn fo-
lennel apparat d'vn couteau confacrè:
le glaiue, luy dient ils , de Gedeon, de
Dauid, de Iudith de S. Pierre: Accepté
qu'il l'a, l'honorent, l'admirent, l'adorét,
le deifient , le trouuent defia transfigu-
ré glorifié, le luy font croire. N'eft ce
pas auoir bien enrichy l'inuention du
Sarrazin ? De combien plus Sarrazins,
que ce Mahumetan, qui ne la pratiquoit
que contre fes ennemis, à fon fens, infi-
deles, au lieu que ceux-cy peu foucieux
que l'infidele face, ne s'en feruent que
contre les Chreftiens, la referuent par
priuilege fpecial, côtre les Roys facrez,
ceux mefmes que la Chreftienté appelle Trefchreftiens entre les Catholiques.
En fin nous dit la pretenduë prudence,
(que ne fuffes-tu point plutoft pure ma

lignitè:) Mais choquer vn si grãd corps, se peut-il sansdanger? Et qui taisoit mine de reuerer sa Saincteté, no⁹ veut faire redouter sa puissance? Et donc deux ou trois cens pedans qui sont respandus par ce Royaume nous ferons peur? Qui ne sont partie aucune de nostre Estat, de Prouince, de Ville, de famille, que nous pouuons arracher sans qu'on le sente? Vous empescheront de faire iustice & iustice à nostre Roy, & d'vn tel acte? Où seroit, Messieurs, vostre ancienne vertu, qui, rēcontrast elle en son chemin, au chemin de sa iustice, vn Cerberus en teste, luy passoit sur le vētre? Asseurée, comme disoit ce bon Roy, qu'elle faisoit la iustice de Dieu, & non des hommes. De Dieu touñours tout-puissant en l'infirmité de quiconque l'excerce?

Certes telle aussi, Messieurs, se la promet-on encore de vous auiourd'huy. Que mesme la necessité, l'extremité, la iuste douleur la vous renouuellera, fortifiera, redoublera ceste vertu en vous. Mais pour rendre la vigueur à cest Estat, que lon attend partie de vous, rē-

dez-la vous premier, redeuenez vous
mesmes. Qu'on cognoisse en l'execu-
tion de voftre Arreft, le fentiment, le
mouuement à bon efcient qui vous re-
uient, que rien ne la retienne. Et ne
vous arreftez point, Mefsieurs, aux ar-
tifices de ces gens, de leurs fuppofts,
de leurs fupports, cefte eft la voix de
tout ce qu'il y a de François, de pur
Catholique en ce Royaume. Nos
champs, nos villes, tous nos arts vous
redemandent ce grand Roy qui les faifoit verdir, fleurir, polir, foufpirent a-
pres cefte iuftice. Noftre clergé vous
demande fon Défenfeur, noftre No-
bleffe fon Conducteur, noftre Peuple
fon Liberateur, noftre Eftat fon Re-
ftaurateur la plus faine partie de l'Europe fon Protecteur, nos Princes
François l'honneur de leur fang, les
Eftrangers le premier de leur rang? A
cefte requefte n'y a rien qui ne contri-
bue? ce peur eclatât, ce murmure fourd,
ce filence eftóné n'auoient autre vœu,
ne parlent encore autre langage. La
terre, en fomme, qui a receu ce facré

sang, sur vn paué, dit le Prophete, où il
ne peut secher en crie vengeance au
Ciel, le Ciel l'a exaucée, la vous com-
mande. Mieux ne pouuez vous, Messieurs, suppleer l'aage du Roy, consoler
les larmes de la Royne, regretter la vie
du GRAND HENRY, pleurer sa tri-
ste fin, celebrer ses obseques, consacrer
sa memoire. Là deuez vous propré-
ment retenir vostre rang, là le defédre,
PATRES PATRIÆ SI AV-
DIRE VVLTIS, PARENTI
TANTO ALIA RATIONE
PARENTARE VERE NON
POSSITIS, QVOD FOELIX
FAVSTVMQVE SIT. Amen.